LA SITUATION

Ses Causes et ses Remèdes

PAR

le Marquis DE CASTELLANE

PARIS

E. DENTU, LIBRAIRE-ÉDITEUR

Palais-Royal, 17 et 19, Galerie d'Orléans

—

1872

LA SITUATION

SES CAUSES ET SES REMÈDES

I

Des faits nombreux et récents viennent,
une fois encore, de plonger dans l'émoi tous
ceux qui ont quelque souci de l'avenir de la
France. Il n'est pas un homme tant soit
peu habitué à juger une situation politique
qui ne jette le cri d'alarme à la vue de celle
qui nous est faite. Au sein même de l'Assemblée, les amis les plus dévoués de M.
Thiers, ses serviteurs les plus intimes se
troublent, s'agitent et se demandent avec
anxiété s'ils doivent continuer leur concours
au chef de l'Etat. — Le centre gauche lui-
même est ébranlé ; le désordre s'introduit
dans ses rangs. L'un de ses vice-présidents
vient de se démettre de ses fonctions, et
plusieurs des membres qui composent ce
groupe parlementaire ont manifesté leur mé-

— 4 —

contentement de ce que leur bureau ait re-
fusé de se joindre aux délégués de la droite
et du centre droit pour aller respectueuse-
ment exposer au président de la République
leurs appréhensions.

Seule, la gauche se réjouit, manœuvre
avec habileté, s'efforce, par une attitude
calme, de rassurer l'opinion publique ; et
tout en donnant le baiser fraternel aux nou-
veaux élus du 9 juin, cherche à les repré-
senter comme dévoués tout autant aux idées
d'ordre qu'à la forme républicaine. Vaines
habiletés ! Sous le voile de la modération
apparaissent les passions de ceux qui envi-
sagent sans crainte et même avec une sorte
de joie le prochain avènement au pouvoir
de l'ancien dictateur de Bordeaux.

Qui donc a fait une pareille situation ?
Quelles causes ont amené de tels effets ? Et
d'où vient qu'un homme d'Etat aussi éclairé
que celui qui nous gouverne, aussi ennemi
du désordre, aussi jaloux de sa gloire future,
semble vivre dans le calme et la paix, au
milieu de ce tourbillon où vont s'engloutir à
tour de rôle les espérances, comme les éner-
gies du parti conservateur ? En un mot, qui
donc est responsable ?

A Bordeaux, au lendemain du 8 février, le
pays, fort des choix que, dans sa liberté, il
avait faits, entrevoyait le moment où l'a-
narchie allait succomber sous le poids de la

réprobation publique, et sous les efforts virils de ses élus. Il s'en était remis de ce soin aux conservateurs les plus accentués. Le suffrage universel avait fait entendre sa voix puissante et avait désigné, par vingt six élections, M. Thiers comme le chef des hommes d'ordre, comme celui qui devait les conduire à la victoire. L'Assemblée, dans un élan presque unanime, le porta au pouvoir.

Mais bientôt la présidence de la République lui apparut comme le dernier beau rêve d'une longue vie. Le réaliser était chose difficile au sein d'une Assemblée essentiellement monarchique; mais les ressources de son esprit étaient incalculables. Il inventa le *pacte de Bordeaux*.

Quelque temps après, comme si tous les éléments devaient se conjurer contre ceux qui, dans leur loyauté, cherchaient à faire renaître le calme dans le pays, les divisions intestines se révélèrent au sein du parti monarchique. Les points de séparation entre les princes de la famille royale s'accentuèrent, et, les monarchistes étant divisés, les conservateurs le devinrent aussitôt, car ceux-là qui appartiennent à l'opinion monarchique sont, par une coïncidence naturelle, précisément les mêmes qui représentent l'opinion conservatrice en France.

Seul, par sa grande situation, par l'autorité que lui donnait son expérience, par les

services qu'il avait rendus à son pays,
M. Thiers pouvait calmer les violents, rapprocher les divisés.

Pour des raisons qu'il est inutile d'appré-
cier ici, il renonça à jouer ce rôle glorieux.
Afin de calmer les susceptibilités de certains
républicains, il se fit leur allié, bien que nul
moins que lui n'eût foi en leurs théories.
Mais pas plus que d'autres il n'avait le pouvoir d'atténuer les effets d'une pareille expérience; ils ne tardèrent pas à se faire
sentir.

Par une loi fatale, le suffrage universel
marche toujours aux extrèmes : tel est le
résultat de l'ignorance de ceux qui l'exer-
cent. C'est ainsi que, sous l'Empire, il en-
voyait de préférence au Corps législatif, des
candidats ultra-bonapartistes et officiels. Les
électeurs croyaient ainsi servir la cause de
l'ordre; ils jugeaient le salut du pays d'autant plus assuré que les députés étaient
moins indépendants. — Sous la République,
les conservateurs se figurent que le moyen
le plus sûr d'éviter une commotion violente
consiste à choisir pour représentants ceux
qui se déclarent les plus dévoués à toutes
les théories républicaines ; et c'est ainsi
qu'il nous est donné d'assister à ce specta-
cle étrange de voir les mêmes hommes qui
soutenaient hier les candidats officiels de
l'Empire soutenir aujourd'hui avec le même

acharnement les candidats radicaux de la République. Les uns et les autres conduisent la France aux abîmes, mais par des voies diverses et avec cette différence que les premiers l'y ont menée lentement, tandis que les seconds l'y poussent avec une rapidité en raison directe de la violence de leurs opinions.

C'est cette tendance du suffrage universel qui, seule, peut expliquer des élections comme celles du 9 juin dernier. C'est là aussi ce qui fait le danger de notre situation politique.

Le parti conservateur est *dévoyé*.

Il est dévoyé, grâce au pacte de Bordeaux, que chacun interprète et a le droit d'interpréter à sa façon; il est dévoyé, grâce surtout aux complaisances du gouvernement pour certains personnages politiques. Lorsque des hommes qui ont, pendant tout le cours de leur vie, été habitués à recevoir l'impulsion d'en haut, voient le pouvoir central maintenir pendant de longs mois dans les postes les plus élevés de la magistrature, de l'administration, de la diplomatie, des fonctionnaires connus pour avoir prêché ouvertement le socialisme, l'irréligion et toutes les théories radicales; lorsqu'ils le voient hésiter à dissoudre le club de la rue Grôlée, ou à révoquer les maires qui insultent publiquement l'Assemblée nationale, que veut-on qu'ils comprennent à l'ensemble d'une telle conduite? Comment espérer qu'ils ne prendront pas le change, comment espérer qu'ils ne considéreront pas les coreligionnaires de pareils hommes comme les véritables amis du gouvernement ?

II

Une telle politique est-elle l'œuvre personnelle de celui qui l'applique, ou bien, est-elle la conséquence forcée du principe général sur lequel elle repose? Voilà ce qu'il est nécessaire de spécifier d'une façon bien nette si l'on veut atteindre le mal dans sa source véritable.

En rendre responsable la façon dont M. le président de la République a appliqué le pacte de Bordeaux, nous semble injuste; il ne pouvait guères s'en servir autrement qu'il ne l'a fait. — N'est-il pas plus exact de dire que c'est le pacte de Bordeaux lui-même qui est le coupable, et que c'est lui qui nous a conduits au point où nous sommes ? Le triomphe du radicalisme, les tendances du suffrage universel ; tout cela est son œuvre presque unique, forcée, inévitable. — Qu'est-ce, en effet, que le pacte de Bordeaux, si ce n'est la mise en œuvre de ce vers de Lafontaine :

Contenter tout le monde et son père.

Or, il y a deux siècles déjà, le problème était regardé comme insoluble : il en est de même aujourd'hui.

Le pacte de Bordeaux, c'est l'équilibre devenant le seul principe de gouvernement à l'intérieur; c'est le chef de l'Etat obligé de pencher à droite lorsqu'il se sent emporté à gauche; obligé de pencher à gauche lorsqu'il se sent emporté à droite; — ce qui est beaucoup plus fréquent, puisque la droite est en majorité au sein du parlement. — Jusqu'ici la politique d'équilibre avait été regardée comme l'apanage exclusif de la politique extérieure; mais jamais, depuis que le régime parlementaire existe, elle n'avait été considérée comme un principe de gouvernement. N'en est-elle pas, en effet, la négation absolue? Le régime parlementaire implique l'avénement aux affaires du parti qui est le plus nombreux au sein des Assemblées. C'est ainsi qu'en Angleterre les *whigs* occupent toutes les fonctions du royaume lorsque les *tories* sortent en minorité des élections. C'est ainsi qu'en Belgique, les *catholiques* sont mis à la tête des grandes situations lorsqu'ils triomphent des *libéraux*. C'est encore ainsi qu'aux Etats-Unis, lorsqu'un président nouveau est choisi par le peuple, il ne conserve dans les postes, même les plus minimes, que des amis de sa personne ou de sa politique.

Voilà en quoi consiste en tout pays le véritable régime parlementaire.

Le pacte de Bordeaux, par cela même qu'il signifie : « Apaisement de toutes les compétitions, de toutes les rivalités », oblige le gouvernement à donner à tous les partis les mêmes satisfactions. Mais les partis qui représentent une idée, une opinion spéciale, ne jouissent que de leurs propres succès et supportent très difficilement ceux de leurs ennemis. Cela ressort de la nature même des choses. Aussi qu'est-il arrivé et qu'arrivera-t-il encore tant que la constitution de la France se résumera dans le pacte de Bordeaux?

M. le président de la République a-t-il à choisir des préfets, il se fait le raisonnement que voici : « Afin de contenter les monarchistes, je vais choisir dans leurs rangs la moitié des administrateurs qu'il s'agit de nommer. Mais le centre gauche? c'est le cénacle des amis dévoués, comment lui refuser un ou deux des siens? Et la gauche? ses exigences sont grandes, légitimes même; certainement elle ne se fera pas défaut de protester violemment si elle est oubliée dans le partage; accordons-lui trois préfets de son opinion. »

Et c'est ainsi que dans tous les choix faits par le gouvernement, grâce au pacte de Bordeaux, l'opinion monarchique libérale est

représentée pour moitié et l'opinion républicaine, tout à la fois modérée et radicale,
pour l'autre portion.

S'agit-il de nommer des procureurs généraux, de peupler les parquets ? le système
est différent quant à la forme; il reste le
même quant au fond. Jusqu'ici le gouvernement a soigneusement maintenu dans ces
postes élevés la plupart des hommes que le
4 septembre y avait placés. Un magistrat
donne-t-il lieu à un scandale public, M. le
garde des sceaux hésite à le révoquer, et si
un membre de l'Assemblée vient à l'inter-
peller sur la conduite de son subordonné, le
ministre répond évasivement. — C'est au
coupable lui-même qu'il appartient de se
déclarer démissionnaire. —

Dans la diplomatie, même système de bascule. M. le comte de Gontaut-Biron est-il
nommé ambassadeur à Berlin, aussitôt M.
Jules Ferry part pour Athènes; M. le marquis de Noailles est-il envoyé à Washing-
ton, le lendemain M. Guyot-Montpayroux
se met en route pour Pesth.

Et c'est ainsi que chaque jour, dans toutes
les questions, le gouvernement, lié par ce
pacte de Bordeaux, grâce auquel, dès le début, il a dû s'entourer des hommes du 4
septembre, est tenu de naviguer sans bous-
sole; et pour un gros écueil qu'il évite, se
heurte chaque jour à des difficultés qui, ac-

cumulées, compromettent étrangement l'avenir de la France.

C'est donc dans le pacte de Bordeaux même que le mal a sa racine; c'est là qu'il réside. La façon de gouverner de M. Thiers n'en est que la conséquence forcée. Ce pacte l'oblige à contenter tout le monde; ce qui équivaut à dire qu'il le contraint de mécontenter, l'un après l'autre, tous les partis.

Et maintenant, est-il juste de prétendre que l'Assemblée nationale fût, dès le début, composée d'opinions si diverses que le pacte de Bordeaux était devenu indispensable pour la paix publique? Est-il vrai de proclamer qu'il n'existait pas dans le sein du Parlement de parti prépondérant, représentant d'une façon bien nette l'opinion de la majorité des Français?

A force de l'entendre dire et affirmer sur tous les tons, dans les discours, à la tribune, dans les messages présidentiels, le pays pense peut-être qu'il en était ainsi; et cependant il se trompe.

Non, il n'est pas exact de dire qu'à Bordeaux l'Assemblée fût divisée comme elle l'est actuellement. Elle se composait alors de deux cents républicains environ. Les autres membres du Parlement, au nombre de cinq cents, appartenaient à l'opinion monarchique. Ils pouvaient être séparés par des nuances, mais non par des principes; et il

eût suffi que l'homme désigné par le suffrage universel comme devant devenir le véritable chef des monarchistes, eût consenti à
se mettre à leur tête, pour que les nuances
elles-mêmes disparussent à l'instant.

Etait-elle donc divisée, cette Assemblée,
le jour où elle vota la paix, cette paix cruelle
pour tout cœur bien né, sans proférer la
moindre plainte? Etait-elle donc divisée, le
jour où elle décréta résolument la dissolution des gardes nationales? Non, elle était
unie et elle le serait restée sans le travail
de désagrégation qui fut la conséquence lo-
gique et nécessaire du pacte de Bordeaux.
Au 8 février, elle était unie, comme le parti
conservateur qui l'avait nommée. Depuis
cette époque, comme lui, elle a subi la pres-
sion d'en haut, comme lui elle a subi les
effets de la politique de bascule et c'est
ainsi qu'aujourd'hui elle est arrivée à cet
état de langueur qui laisse le pays suspen-
du au-dessus de l'abîme.

Mais si, dès le début, ces divisions eussent pu être évitées, il est impossible de
nier qu'à l'heure présente elles existent,
profondes, et qu'elles vont chaque jour grandissant. Il en résulte que les hommes de
désordre s'enhardissent, que le suffrage universel s'égare, que le parti de l'ordre est aux
abois, et que nous courons avec une rapidité
vertigineuse à une crise terrible, parce qu'el-

le s'appellera l'anarchie légale, et l'anarchie légale en face des Prussiens.

C'est là une vérité qui n'est contestée par aucun homme sensé, aimant véritablement la France. Les républicains modérés eux-mêmes sont effrayés des progrès du radicalisme, effrayés des résultats d'élections qui, comme les dernières, ont envoyé siéger à l'Assemblée, non pas les candidats de M. Thiers, mais les candidats du parti avancé. L'émoi est partout, au sein du Parlement, en dehors de lui, dans la presse, chez les hommes les plus haut placés, les plus franchement libéraux. On s'agite, on se réunit, on va trouver M. Thiers, qui éconduit poliment ceux qui se croient en droit d'aller lui faire des remontrances respectueuses. Il leur répond comme autrefois Louis XIV au Parlement de Paris, non pas en les exilant, mais en allant tenir au Parlement une sorte de lit de justice qui se termine généralement par ces mots : « Adoptez ma politique ou je quitte le pouvoir. »

Donc le mal a sa source dans la constitution même qui nous régit, ou si on l'aime mieux, il résulte du défaut de constitution ; il résulte du pacte de Bordeaux.

On aura beau donner au gouvernement une impulsion plus conservatrice, faire quelques nominations satisfaisantes pour les amis de l'ordre, on n'arrivera pas à modifier

l'opinion publique. On peut accuser M. Thiers
d'être entré au début, dans une voie diffé-
rente de celle qui lui était tracée par l'expérience et la volonté nationale ; mais, une
fois dans cette voie, une fois sous le joug du
pacte de Bordeaux, il était forcément obligé
de gouverner comme il l'a fait, et pour se
concilier tous les partis, tour à tour de mécontenter les uns et de satisfaire les autres.
Tant que nous vivrons sous ce régime, M. le
président aura beau s'évertuer à gouverner
différemment, il n'y réussira pas. Il aura
beau s'entourer des hommes les plus fermes,
ceux-ci ne parviendront pas à changer le
courant du suffrage universel, si la devise
du pouvoir continue à être : « Contenter et
apaiser tous les partis. »

C'est pourquoi les conservateurs n'ont pas
lieu de regretter outre mesure que les dé-
marches tentées auprès de M. le Président
de la République aient échoué. Le chef de
l'Etat a pu répondre avec juste vérité à leurs
délégués que la majorité de son ministère
était sortie de leurs rangs ; et mieux vaut
peut-être qu'il n'ait point offert de portefeuilles aux ambassadeurs de la droite et du
centre droit, car sous le règne du pacte de
Bordeaux, ceux-ci eussent été obligés de
gouverner à peu près de la même façon que
leurs prédécesseurs : — combien ensuite

ne les eût-on pas accusés de faiblesse et de tergiversation ?

Encore une fois, c'est le pacte de Bordeaux qui a égaré les conservateurs ; c'est lui qu'avant toutes choses il faut abolir si l'on veut rendre l'homogénéité à ce grand parti. — Toute solution qui aurait pour résultat de renverser M. Thiers en continuant ce pacte, n'aboutirait qu'à l'impuissance et aux plus funestes résultats. Et c'est pour cela que ceux qui cherchent un successeur au chef actuel du pouvoir, sans se préparer à faire Constitution, nous semblent s'agiter dans le vide. M. Thiers ne peut être remplacé que par un gouvernement définitif. Qu'il faille, pour arriver au but, une courte transition, cela est possible ; mais, greffer un nouveau provisoire, un provisoire de longue haleine sur celui qui existe déjà, c'est là un avenir que nul ne saurait envisager de sang-froid.

III

En politique, comme en toutes choses, la critique n'est utile que si elle est accompagnée des moyens de remédier au mal. Aussi ne suffit-il pas de rendre le pacte de Bordeaux responsable de la situation intérieure du pays ; il faut indiquer s'il est possible de le remplacer et de quelle façon.

L'expérience seule tranchera la question. Mais dût-on, chemin faisant, rencontrer de grands obstacles, dût-on même échouer dans l'entreprise, qui pourrait affirmer qu'il ne faut pas la tenter? Car plus nous vivons sous le régime du pacte de Bordeaux, plus l'opinion publique s'égare, plus la crise devient inévitable.

Parmi les solutions diverses qui s'offrent à l'esprit, deux seulement semblent pratiques.

Ou bien, remplacer le *statu quo* par un essai sérieux de la forme républicaine, plus loyal et plus complet que celui tenté jusqu'à ce jour.

Ou bien, si la majorité croit en avoir la force, faire, avant peu, une constitution et en annoncer dès aujourd'hui la volonté au pays.

Première hypothèse. — Essai loyal de la République :

Pour le rendre possible, il faut avant tout le consentement, ou si on le préfère, la résignation de la majorité monarchique. Mais le jour où celle-ci aurait reconnu les avantages incontestables, même au point de vue de ses propres aspirations, d'un semblable essai, que les délégués de la droite et du centre droit retournent auprès de M. le président de la République et lui tiennent ce langage :

« Il est de notre devoir de ne pas laisser
la France plus longtemps dans l'état de langueur et d'indécision où elle est plongée depuis bientôt deux ans. On nous dit que nos
aspirations ne sont pas celles du pays et que
celui-ci veut tenter l'essai loyal de la République. Nous venons vous prier d'en faire l'expérience complète afin que l'on ne puisse
pas nous accuser un jour d'avoir entravé la
volonté de la nation. Nous assisterons à cette
expérience sans parti pris; si elle réussit,
nous nous inclinerons. Mais notre loyauté
nous fait un devoir de laisser la direction
des affaires à ceux qui se disent républicains, car la République sans les républicains est un leurre qui nous répugne. Que
M. le président s'entoure des hommes les
plus éminents de ce parti et les mette
à la tête des grandes administrations.
Pour nous, nous supplions les membres du
cabinet, qui appellent de leurs vœux l'éta-
blissement de la forme monarchique, de suivre l'exemple de leur collègue des travaux
publics et de revenir siéger sur nos bancs.
M. le président remettra leurs portefeuilles
aux républicains éprouvés. La droite et le
centre droit assisteront à leur gestion avec
le désir sincère de les seconder, dans le cas
où ils feraient consciencieusement les affai -
res de la patrie. L'emprunt de trois milliards se négociera avec leur concours, et si

leur présence aux affaires n'entrave pas cette grande œuvre, si l'évacuation du territoire continue à s'effectuer, si le crédit de la France n'est pas ébranlé, si les Prussiens s'en vont, l'essai loyal deviendra bientôt une réalité à laquelle tous les honnêtes gens seront heureux de s'associer. »

Cette manière de sortir du pacte de Bordeaux peut paraître audacieuse à quelques-uns; elle n'en aurait pas moins de grands avantages.

Son premier résultat serait de resserrer immédiatement les liens amollis du parti conservateur. Une fois le sort de la France remis entre des mains aussi franchement républicaines, on saurait promptement, à n'en pas douter, quelle est l'opinion véritable de la nation. Si le gouvernement des républicains n'y sème aucune panique, on pourra affirmer qu'elle est devenue républicaine. Si, au contraire, l'abstention des monarchistes l'effraye outre mesure, il sera permis d'en conclure qu'elle veut un gouvernement monarchique, et alors ceux qui représentent à l'Assemblée cette opinion pourront, sans attendre plus longtemps, se mettre à l'œuvre. Autrement dit, que, suivant le conseil de la *Gazette de France*, les monarchistes se constituent résolument en minorité; que ceux qui les représentent au sein du ministère abandonnent les affaires et les remettent aux véritables républicains ; mieux vaut pour eux et pour le pays qu'ils se prêtent volontairement à cette expérience, tandis que les conservateurs sont en majorité au sein du Parlement, que d'y être contraints et forcés par de nouvelles élections qui dépeupleraient leurs bancs.

Mais un grand obstacle s'oppose à ce plan de conduite : c'est que certainement il n'aurait pas l'assentiment du chef de l'Etat. Jamais M. le président de la République qui, quoi qu'il fasse, quoi qu'il dise, est l'ennemi juré de toutes les théories républicaines : sur l'armée (il vient d'en donner les preuves); sur les finances (qu'on se rappelle le 19 janvier); sur l'instruction (on le verra bientôt), ne consentira à remettre les affaires entres le mains des vrais républicains. N'est-ce pas lui qui a dit un jour cette parole : « *La République n'est possible que sans les républicains* ! » Quand il les entendra développer leurs idées contre l'obéissance passive, en matière d'armée, sur la réduction du service militaire à trois ans, sur la nécessité d'établir l'impôt du revenu; sur l'éducation laïque obligatoire, il bondira; il ne pourra pas vivre plus d'une heure condamné à entendre un pareil langage. Il quittera plutôt le pouvoir et tout porte à croire qu'il se montrera bien autrement violent contre les défenseurs de pareilles thèses qu'il n'a jamais pu l'être contre ceux qui font résider le salut de la France dans le rétablissement d'une monarchie.

Tel est le principal obstacle, l'obstacle insurmontable à l'essai vraiment loyal de la République, en ce moment.

On obtiendrait encore du parti monarchique à l'Assemblée de s'y prêter, et il ne déplairait pas à certains de ses membres d'assister à l'expérience. Mais le chef de l'Etat, plutôt que d'y consentir, préférera abandonner sa haute situation; et c'est là ce qui rend irréalisable ce premier plan de conduite. Car il est difficile d'admettre que pour le vainplaisir d'un pareil essai, l'Assemblée, consente jamais à renverser M. Thiers et à le remplacer par M. Gambetta.

Seconde hypothèse : Faire une constitution, n'est-ce point là le seul, le véritable moyen d'en finir et de remettre les choses à leur place ?

Le pacte de Bordeaux, nous l'avons dit, est la cause principale de l'état de langueur où nous vivons, des dangers qui nous menacent. Il serait aussi facile d'établir qu'en présence de la pondération actuelle des partis dans l'Assemblée il est devenu presque impossible de donner à M. Thiers un successeur, tant qu'il ne s'agira pas de doter la France d'un gouvernement définitif. — Bien des tentatives ont déjà été faites dans ce sens : toutes ont échoué.

Sur les quatre noms mis en avant, qui oserait affirmer que l'un d'eux réunirait la majorité des suffrages ?

Dans de pareilles conditions, tenter le renversement de M. Thiers serait se lancer dans l'inconnu le plus périlleux. Il ne peut être question de lui donner un successeur que le jour où la constitution de la France sera faite, où l'Assemblée aura créé à côté d'elle des forces qui viendront l'aider à ne pas supporter seule le fardeau d'une semblable responsabilité. Et comme il faut à tout prix mettre un terme aux effets de la politique actuelle, à moins que le Parlement ne consente à favoriser lui-même les agissements de ceux qui, avec sa dissolution, préparent celle du pays, il faut créer ces forces, et c'est en faisant une constitution qu'on peut y arriver.

Si l'on adoptait ce plan de conduite, quelle serait la meilleure voie à suivre pour la réaliser ? Devrait-on commencer par déclarer quelle sera la forme définitive du gouvernement de la France, ou bien, au contraire, constituer, en premier lieu, les divers pouvoirs publics, délimiter leur rôle et leurs prérogatives ?

Ce second mode de procéder semble devoir être le seul pratique. — Car, sur ce terrain seulement, on pourra grouper une majorité compacte. — Il y a au sein de l'Assemblée, il est vrai, 450 monarchistes; mais, avant tout, ils sont libéraux et conservateurs.

La plupart sont monarchistes constitu- tionnels, et veulent allier le principe héré- ditaire à celui de la volonté nationale.

Si, demain, ils avaient le pouvoir d'ame- ner sur le trône le représentant de l'hérédi- té, ils ne le feraient qu'après avoir posé les bases du gouvernement et après seulement qu'il aurait juré d'observer la constitution émanée d'eux. Et il est vrai de dire que si cette majorité est divisée sur les noms, elle l'est fort peu sur le fond des choses; aussi se mettra-t-elle facilement d'accord sur les points principaux d'une constitution libé- rale convenant aussi bien à une forme de gouvernement qu'à une autre.

Même dans les nuances les plus accentuées de l'opinion monarchique à l'Assemblée il y a de vrais libéraux, de ceux-là que M. Thiers qualifiait dernièrement de libéraux d'avant 1789. — Le nombre des autoritaires, de ceux pour lesquels monarchie et césarisme sont identiques, est relativement très res- treint et le jour où il s'agirait de donner au pays des institutions définitives ils reste- raient isolés. Le plus grand nombre, devant les dangers que court le pays, se rallierait franchement à la droite modérée, au centre droit et à la portion du centre gauche qui serait entrée dans cette voie. — Et finalement, s'il s'agissait de poser les bases d'une Constitution, il serait facile de grouper dans une entente commune 400 à 420 voix au minimum, c'est-à-dire bien plus qu'il n'en faut pour assurer dans le pays le succès de l'œuvre entreprise.

Toutefois, si l'on se décidait à suivre cette ligne de conduite, il est un élément essentiel dont il faut tenir un grand compte, c'est M. le président de la République.

Que fera-t-il en cette occurence ? Nul ne peut le prévoir d'une façon absolue ; mais sa coopération, qui serait certainement d'une grande utilité en pareille matière, n'est pas absolument indispensable. Ce qu'il importe de savoir d'une façon précise c'est l'effet que produirait sur lui la nouvelle que l'Assemblée va être appelée à nommer une commission de Constitution. Refuserait-il de s'associer à l'entreprise et provoquerait-il, sur ce fait, une crise gouvernementale?

Non. On peut être rassuré à cet égard; il a été le premier, dès Bordeaux, à reconnaître le pouvoir constituant de l'Assemblée nationale. M. Thiers se refusera toujours à accepter un successeur pour continuer l'œuvre de la libération du territoire, qu'il considère comme sa propriété; il se refusera à s'entourer de véritables républicains pour accomplir l'essai loyal de la République; mais on peut

être convaincu qu'il laissera faire sans diffi-
culté ceux qui viendront proposer à l'Assemblée d'user de son droit. Et la meilleure
preuve de son assentiment, c'est l'assurance
qu'il en a donnée lui-même, il y a quelques
jours, aux délégués de la droite et du centre
droit. S'il consent à agir ainsi, c'est que les
périls qui menacent la France n'ont pas
échappé à son merveilleux esprit; c'est qu'il
sent que d'essai en essai ce pays-ci marche
d'affaiblissement en affaiblissement, c'est
que l'évacuation du territoire est en train
de se négocier, et l'Emprunt de se réaliser;
c'est qu'enfin le fardeau des affaires com-
mence parfois à lui paraître pesant pour son
âge avancé.

Si donc, avant que l'Assemblée ne se sépare,
une proposition était faite à la tribune, signée par des noms considérables, affirmant
qu'au retour de ses vacances, le Parlement
sera appelé à nommer une commission de
Constitution, il est à peu près certain que
M. Thiers en accepterait la prise en considé-
ration sans y mettre obstacle.

Or c'est là ce que beaucoup de gens consi-
dèrent comme le seul moyen pratique de
sortir de la situation actuelle, sans jeter le
pays dans les surprises, dans les commo-
tions, tandis que l'étranger foule encore le
sol de la patrie.

Le dépôt d'une pareille proposition aurait

pour premier résultat d'affirmer que, loin de s'affaiblir, loin de s'éteindre, l'Assemblée vit; qu'elle n'a pas perdu toute énergie, et que le pays conservateur peut encore compter sur elle pour le sauver. Cet acte de virilité rassurerait l'opinion publique, donnerait du courage à ceux qui n'en ont plus, imprimerait à tous les bons citoyens une vigueur nouvelle pour se liguer contre le désordre. En un mot, l'exemple parti de haut, aurait immédiatement son contre-coup dans le pays et chez les honnêtes gens.

Un second effet se produirait en même temps et viendrait, lui aussi, au secours du parti de l'ordre. Ce serait le sentiment de fureur qui, à la vue d'un pareil acte, s'emparerait du parti radical. Lorsque celui-ci verrait la majorité de l'Assemblée qu'il croit blessée à mort, renaître à la vie, agir et se mettre en lutte ouverte avec lui, sa colère irait probablement jusqu'à se traduire par des actes de violence, dont le résultat serait de rapprocher de plus en plus les conservateurs et de réunir dans une action commune ceux qui sont responsables, c'est-à-dire les représentants de la nation.

M. le président de la République verrait, lui aussi, dans le terme relativement éloigné, assigné d'avance à la nomination de cette commision de constitution des avantages devant lesquels s'effaceraient les amertumes que fait naître dans le cœur de ceux qui sont au pouvoir, la pensée qu'un jour peut-être ils seront obligés de l'abandonner.

D'ici là, n'aurait-il pas le temps et la facilité de réaliser l'emprunt de trois milliards, d'assurer la libération du territoire, et enfin d'imposer à l'opinion publique un certain courant dont l'Assemblée serait obligée de tenir compte au moment décisif?

M. Thiers, assuré qu'il ne s'agit pas de faire violence à sa personne, mais uniquement de modifier la situation générale du pays, loin de s'opposer à cette solution, y prêterait les mains, chercherait à en être l'arbitre et qui peut dire l'attitude qu'il prendrait devant une commission composée d'éléments très fermes, très énergiques, comme celle par exemple qui a préparé l'abrogation des lois d'exil ou la loi militaire?

Lorsque l'Assemblée aurait constitué les pouvoirs publics, délimité d'une façon bien précise les attributions du chef de l'Etat, et celles des deux chambres, qui l'empêcherait pendant quelques mois encore de mettre elle-même en œuvre cette constitution? Et comment douter alors que cette question de république ou de monarchie, ce nœud gordien qui, à l'heure actuelle, apparaît comme un obstacle insurmontable, ne se dénoue de lui-même?

En résumé, le seul moyen vraiment pratique de mettre un terme à ce pacte de Bordeaux, qui a été la cause principale du désordre moral qui règne dans le pays, et en même temps d'éviter une crise gouvernementale qui pourrait être funeste aux intérêts de la patrie, le seul moyen de rallier les conservateurs autour de leur drapeau nous semble consister à déposer avant quelques jours une proposition signée de vingt ou vingt-cinq noms, représentant les diverses nuances du parti de l'ordre, et décidant qu'au retour de leurs vacances, alors qu'ils auront eu le temps de bien se pénétrer de l'état des esprits, les représentants de la nation seront appelés à nommer une commission chargée de leur présenter un projet de constitution.

IV

Que l'on suppose maintenant qu'au lieu d'entrer dans cette voie, l'Assemblée, reculant devant un acte aussi viril, se complais pendant de longs mois encore dans le *statu quo,*—le *statu quo,* c'est-à-dire le pacte de Bordeaux au sommet, dominant le pouvoir, l'astreignant aux compromis, aux concessions de tous les instants. En dessous, M. Thiers, directeur général de cette politique, ayant à protéger également la République, la monarchie et sa propre personne. Enfin, à la base, l'Assemblée souveraine, divisée en deux grands partis; l'un, le moins nombreux, républicain par principe, par goût ou par nécessité, mais uni, actif, vigoureux et sous des apparences soumises, imposant ses choix, sa volonté au chef de l'Etat dans la direction générale de la politique intérieure. L'autre, monarchique par principe, par tradition, par conviction, le plus nombreux, mais divisé sur les noms, sur les personnes, annonçant qu'il peut tout et ne pouvant rien, courageux dans ses paroles, impuissant dans ses actes, accablant de reproches ceux qu'il appelle les courtisans du pouvoir et n'ayant pas lui-même l'énergie d'imposer à ses chefs sa volonté, qui est celle du pays. Voilà le *statu quo*.

C'est ce *statu quo* qui a engendré la situation actuelle. Sous son influence, depuis dix-huit mois, le mal a été chaque jour grandissant. Les élections du 8 février avaient été essentiellement conservatrices; celles du 2 juillet le furent déjà moins; les élections des conseils généraux en octobre eurent des résultats inattendus et souvent mauvais; celles du 9 juin ont vu le triomphe complet du radicalisme. Tel est le chemin qu'a parcouru le suffrage universel en moins de dix-huit mois. Si le *statu quo* est maintenu, l'œuvre sera complète avant peu; la moitié de ce même temps suffira vraisemblablement à l'achever.

Dans trois mois, de nouvelles élections

partielles viendront confirmer le radicalisme; dans six mois, il sera lui-même dépassé et nous verrons en France, comme à Marseille, aux élections municipales, les radicaux battus par les ultra-radicaux.

Les journaux rouges ne manqueront pas d'exploiter à leur profit de tels résultats: ils demanderont la dissolution de l'Assemblée et c'est en vain que l'on recherche les motifs sur lesquels on s'appuiera pour la leur refuser. L'impuissance de ses représentants sera pour le parti de l'ordre une cause de dégoût, et l'on verra la presse conservatrice elle-même se récrier contre eux et les mettre en demeure de faire place à d'autres. Plus l'Assemblée aura été affaiblie par les coups répétés du suffrage universel, moins elle sera capable de constituer. Les divisions se seront accentuées, le découragement se sera emparé des plus énergiques, le parti des anti-constituants se sera augmenté, et cette malheureuse Assemblée s'en retournera au milieu de ses électeurs injuriée par la presse radicale et tenue en suspicion par la presse conservatrice, qui lui reprochera amèrement et non sans raison, d'avoir permis par ses faiblesses, que le dernier coup fût porté au parti conservateur en France. L'emprunt sera accompli, l'évacuation du territoire très avancée, et c'est au milieu d'un semblable état de choses que les nouvelles élections auront lieu.

Oh ! c'est alors que le désespoir s'emparera de ceux qui, ayant eu en mains le salut du pays, n'auront pas su l'assurer. — Le suffrage universel que l'Assemblée n'aura pas eu l'énergie de réformer vigoureusement, se lancera à corps perdu dans deux courants:

Le courant bonapartiste ; ce sera la ressource de quelques conservateurs aux abois qui, écœurés de tant de divisions, éperdus à la vue des dangers qui menacent le pays préfèreront encore le désordre d'en haut au désordre d'en bas. Mais ceux-là mêmes seront dépassés : ils formeront le petit nombre.

Le courant radical ; il se divisera en deux fractions : celle des radicaux par essence, de ceux-là qui, sous quelque régime que ce soit, seront toujours incorrigibles; celle des radicaux sans le savoir; les masses inintelligentes s'y précipiteront sans hésiter. Soutiens perpétuels du pouvoir, elles croiront seconder sa politique en votant pour les candidats républicains; et à ce moment il n'y aura pour eux rien de suffisamment républicain. — Et c'est ainsi que, dans des élections générales, on verra, comme dans les élections du 9 juin, les modérés succomber devant les radicaux.

C'est alors peut-être que M. le président de la République s'apercevra des dangers de la politique de compromis. — Il sera trop tard. — Les députés arriveront à Versailles ; leur premier acte sera de rentrer à Paris ; le second de renverser celui qui aura facilité leur avénement. Et nous jouirons alors d'une véritable Convention, de l'anarchie légale; et comme conséquence lointaine, après la Convention, le césarisme.

Dieu nous garde de plonger plus avant dans cet avenir si sombre et que, dans sa bonté, il daigne encore inspirer à ceux qui ont entre leurs mains le salut de la patrie, assez d'énergie pour aller au-devant de pareils malheurs. — Le danger est là, menaçant, certain. Aucun de ceux qui sont chargés de le conjurer ne le contestent, et cependant chacun se cantonne dans son opinion; nul ne veut céder. Les conservateurs de l'Assemblée vont au-devant de lui, comme des victimes qui se sont sacrifiées d'avance.

Sera-t-il dit qu'avant d'en arriver là il n'aura pas été fait un acte énergique? Que si les hommes d'ordre n'ont pas confiance dans le résultat de l'entreprise, du moins qu'ils la tentent, ne serait-ce que pour couvrir à leurs propres yeux leur responsabilité, et que si jamais la France est condamnée à traverser une nouvelle crise révolutionnaire, ils aient la consolation de pouvoir se dire que jusqu'au bout ils ont cherché à la prévenir.

Paris. — Imp. Schiller 10, faubourg Montmartre.